12월 25일은 크리스마스야.
아기 예수가 탄생한 날이지.
예수를 믿고 따르는 크리스트교가
어떻게 사람들의 마음을 움직이며
유럽으로 퍼져 나갔을까?

나의 첫 세계사 8

크리스트교가 퍼져 나간
중세 유럽

박혜정 글 | 문구선 그림

휴먼
어린이

아기 예수의 탄생을 축하하는 날이 언제일까?
맞아! 12월 25일, 크리스마스야.
아기 예수는 지금으로부터 2000년 전쯤에 태어났어.
1부터 2000까지 숫자를 세어 본다면 꽤 오랜 시간이 걸릴 거야.
2000년은 매우 긴 시간이고, 2000년 전은 아주아주 오랜 옛날이지.
아기 예수가 태어난 곳은 서아시아의 팔레스타인 지역이야.
그곳의 베들레헴이라는 작은 마을에서 예수가 태어났지.

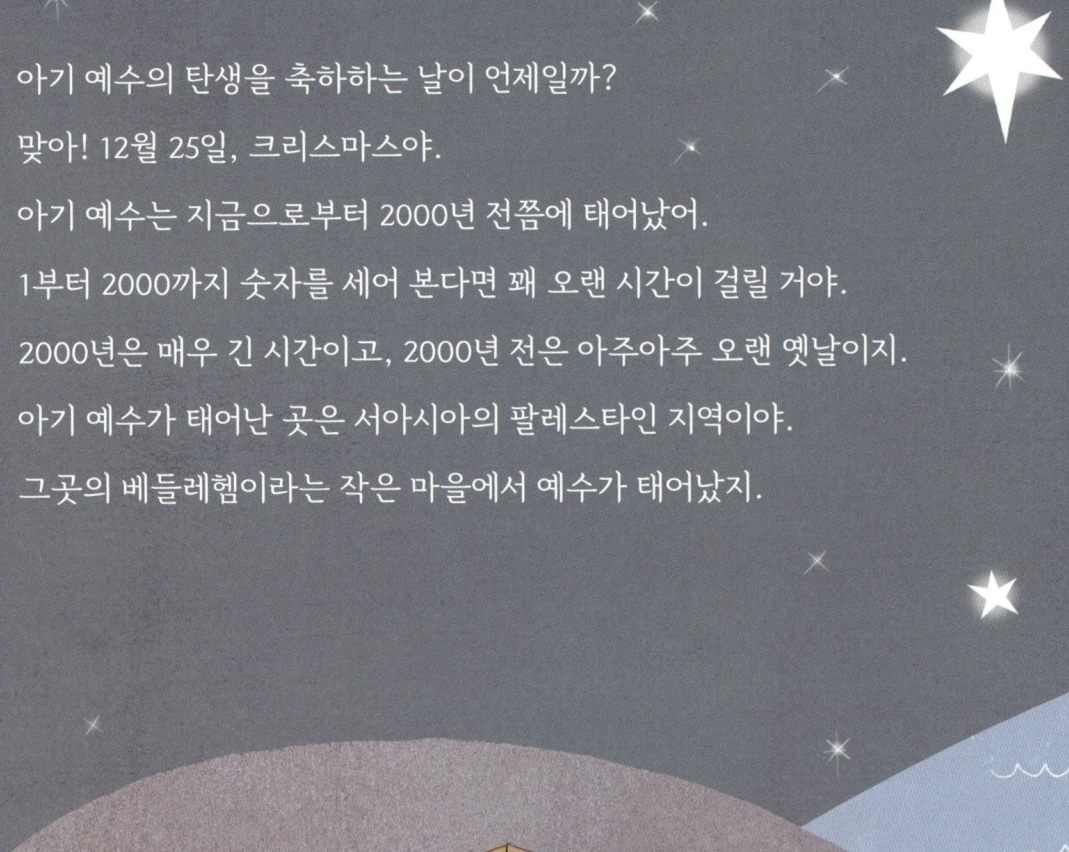

아기 예수가 태어났을 때 팔레스타인을 다스리고 있던 나라는 로마 제국이야.
로마 제국은 지중해를 둘러싸고 있는
유럽, 아시아, 아프리카 땅을 차지하고 있었지.
팔레스타인도 로마 제국이 보낸 총독이 다스리고 있었어.

어른이 된 예수는 세상을 만든 것은 하느님이고,
하느님은 모든 사람을 평등하게 사랑한다고 이야기했어.
귀족과 노예, 남자와 여자, 부자와 가난한 사람이 모두 평등하다고 말이야.
예수가 가난하고 약한 사람들을 보살피며 하느님의 사랑을 몸소 보여 주자,
그를 따르는 사람들이 하나둘 늘어 갔어.
이렇게 시작된 종교가 **크리스트교**야.

예수를 따르는 사람들도 많았지만, 모든 사람이 예수를 좋아했던 건 아니야.
예수가 사회 질서를 어지럽힌다며 못마땅하게 여기는 사람들도 있었지.
로마 총독은 예수를 죄인이라고 판단해서 그에게 벌을 내리기로 했어.
결국 팔레스타인의 예루살렘에서 예수는 십자가에 못 박혀 죽고 말았어.
예수에게는 열두 명의 제자가 있었는데, 그들이 예수의 뜻을 이어 나가며
팔레스타인을 넘어 더 넓은 곳으로 크리스트교를 전했지.

크리스트교를 믿는다는 이유로 벌을 받거나 죽임을 당하던 때도 있었어.
하지만 예수가 죽고 난 후 300년 정도의 시간이 지난 뒤에,
로마 제국의 **콘스탄티누스** 황제가 크리스트교를 믿어도 좋다고 허락했지.
그 후에는 모두가 당당하게 크리스트교를 믿을 수 있었어.
예수가 죽고 묻힌 예루살렘은 물론이고 로마 제국 곳곳에 교회가 지어졌지.
사람들의 기도 소리가 널리 널리 울려 퍼졌어.

콘스탄티누스 황제는 크리스트교라는 하나의 종교를 믿으면서
로마 제국 사람들의 마음도 하나로 모이기를 바랐어.
하지만 황제의 바람과는 달리, 로마 제국은 둘로 나뉘고 말았지.
유럽의 서쪽을 다스리는 서로마 제국과
유럽의 동쪽을 다스리는 동로마 제국이 그 둘이야.

서로마 제국은 얼마 뒤에 게르만족의 침입을 받아서 멸망했지만, 로마에 지어진 **성 베드로 대성당**은 그대로 남아서 혼란한 시대에 사람들이 의지할 수 있는 곳이 되었어. 로마 교회의 지도자는 '교황'이 되어 크리스트교 사람들을 이끌었지.

서로마 제국

로마

동로마 제국은 서로마 제국이 멸망한 뒤에도 천 년 가까이 살아남았어.
동로마 제국의 수도인 콘스탄티노플의 옛 이름은 비잔티움이야.
그 이름을 따서 동로마 제국을 '비잔티움 제국'이라고도 부르지.
콘스탄티노플에는 크고 아름다운 **성 소피아 대성당**이 지어졌어.
비잔티움 제국에서도 크리스트교가 중요했거든.

서로마 제국을 멸망시킨 게르만족 사람들은
서로마 제국이 있었던 서쪽 유럽에 게르만족의 왕국들을 세웠어.
대부분이 오래 버티지 못했지만, **프랑크 왕국**만은 달랐지.
프랑크 왕국의 클로비스 왕은 크리스트교를 받아들이고
교황에게도 인정을 받았거든.
그렇게 프랑크 왕국은 힘을 쑥쑥 키웠지.

그 무렵, 이슬람교를 믿는 사람들의 세력도 점점 커지고 있었어.
이슬람교는 '알라'가 세상의 하나뿐인 신이라고 믿는 종교야.
이슬람교도들은 서아시아를 넘어서, 지중해와 닿는
아프리카 땅도 정복하더니 유럽의 프랑크 왕국에까지 쳐들어왔어.

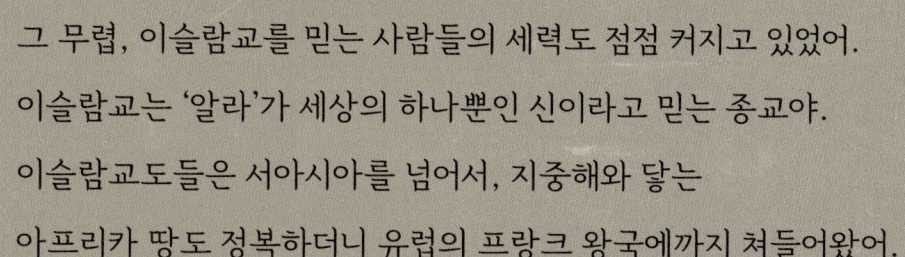

프랑크 왕국의 유능한 관리였던 마르텔은 이슬람 군대의 침입을 잘 막아 냈어.
"마르텔이 아니었다면 유럽의 많은 땅이 이슬람에 넘어갔을 거야!"

마르텔의 아들인 피핀은 프랑크 왕국을 다스리던 무능한 왕을 쫓아냈어.
교황은 피핀을 프랑크 왕국의 새로운 왕으로 인정해 주었고,
피핀은 교황이 다스릴 수 있는 넓은 땅을 마련해 주었지.
"프랑크 왕국의 왕과 로마 교황의 관계가 더욱 끈끈해졌어!"

그리고 피핀의 아들 카롤루스가 프랑크 왕국의 왕이 되었지.
카롤루스는 더 많은 땅을 정복하고, 정복한 땅에 교회와 수도원을 지었어.
교회는 예배를 드리는 곳이고, 수도원은 크리스트교를 공부하는 곳이야.
"카롤루스 덕분에 더 많은 사람들이 크리스트교를 믿게 되었어!"

로마의 교황은 카롤루스 왕에게 고마운 마음이 들었어.
프랑크 왕국의 카롤루스 왕이 그 옛날 로마 제국의 황제처럼
나라를 튼튼히 하고, 크리스트교를 보호해 주었던 게 고마웠던 거야.
그래서 교황은 카롤루스 왕에게 특별한 선물을 하기로 했어.

800년 12월 25일, 그러니까 800년의 크리스마스 날에
성 베드로 대성당에서 예수의 탄생을 축하하는 예배가 열렸어.
바로 그날, 카롤루스 왕도 이곳에 초대되었지.
카롤루스 왕은 교황으로부터 특별한 왕관을 선물 받았어.
바로 '서로마 황제의 관'이야.
카롤루스 왕이 서로마 황제의 관을 머리에 쓰자 사람들이 환호성을 보냈어.

"서로마 제국이 다시 살아났다."
"서로마 제국 황제 만세! 카롤루스 황제 만세!"

프랑크 왕국은 서로마 제국을 멸망시켰던 야만적인 나라에서
서로마 제국의 역사와 전통을 이어받은 후계자의 나라로 인정받게 되었지.

카롤루스 왕은 정복한 지역에 교회와 수도원뿐 아니라,
학교와 도서관도 지었어. 학자들이 공부하고 토론할 수 있도록 돕고,
로마 제국이 남긴 책과 작품들을 한곳에 모아 보존했지.
카롤루스 왕 덕분에 프랑크 왕국의 학문과 문화가 발달할 수 있었어.

서유럽을 대부분 통일했던 프랑크 왕국은
카롤루스 왕이 죽고 얼마 뒤에 셋으로 나뉘고 말았어.
서프랑크, 중프랑크, 동프랑크가 그 셋인데,
훗날에 각각 프랑스, 이탈리아, 독일이라는 나라가 되었지.
셋으로 나뉜 프랑크 왕국은 카롤루스 왕이 다스리던 때만큼 강하지 않았어.

더군다나 그 무렵, 유럽에는 새로운 침략자까지 등장했어.
그 침략자는 바로 **바이킹**이야. 맞아, 놀이기구 이름이기도 한 바이킹!
커다란 배가 오른쪽 왼쪽으로, 무섭게 왔다 갔다 하는 놀이기구처럼
해적 바이킹도 기다랗고 날쌘 배를 타고 동에 번쩍 서에 번쩍 했어.
탐험이나 무역을 하면서 바닷가나 강가 마을에서 물건을 빼앗기도 했지.

이곳은 바이킹이 살던 스칸디나비아반도야.
바이킹은 북쪽에 사는 사람이라는 뜻으로 '노르만족'이라고도 불러.

바이킹은 영국을 공격했어.
물건을 훔치고 도망갈 때도 있었지만,
전투에서 승리한 바이킹 출신의 사람이 영국의 왕이 되기도 했지.

바이킹은 서프랑크의 도시 '파리'를 쑥대밭으로 만들기도 했어.
서프랑크의 왕은 바이킹을 달래기 위해 그들이 다스릴 땅을 주었어.
'노르만족의 땅'이라는 뜻을 가진 '노르망디'는 지금까지도 쓰이는 이름이야.

스칸디나비아반도

러시아 땅으로 간 바이킹들은 강을 따라 남쪽으로 이동하며
그곳에 살던 사람들과 함께 크고 작은 나라를 만들었어.
이 나라들이 나중에 합쳐지면서 러시아가 되었지.

지중해의 시칠리아섬, 비잔티움 제국, 이슬람 제국에도 바이킹이 나타났어.
바이킹은 유럽 사람들을 두려움에 떨게 하는 해적이었지만,
점차 유럽에 정착하며 살아갔어. 물론 그들도 크리스트교를 믿게 되었지.

유럽 땅을 노리는 여러 침략자가 등장하면서
싸우는 사람인 **기사**의 역할이 갈수록 중요해졌지.
침략자들을 막아 내기 위해서는 투구와 갑옷을 입고,
창과 칼을 능숙하게 다루며 말을 탈 수 있는 기사가 꼭 필요했거든.

넓은 땅을 지켜야 하는 왕과 귀족들은 기사들에게 도움을 요청했어.

"내가 가지고 있는 넓은 땅의 일부를 당신에게 줄 테니,
전쟁이 벌어지면 나를 위해 싸우고 충성을 바치시오."

기사들은 땅을 다스리거나 전투 훈련을 하다가
전쟁이 벌어지면 왕이나 귀족들을 위해 열심히 싸워야 했지.

땅을 가진 사람들을 **영주**라고 해.
왕이나 귀족, 기사들은 영주가 되어 땅을 다스렸어.
영주의 땅에서 농사를 짓는 사람들을 **농노**라고 해.
농노는 영주에게 세금을 내고 영주의 지배를 받았지.
영주와 농노가 모여 사는 곳은 **장원**이야.
장원에 꼭 필요한 사람이 또 하나 있었는데, 바로 **성직자**야.

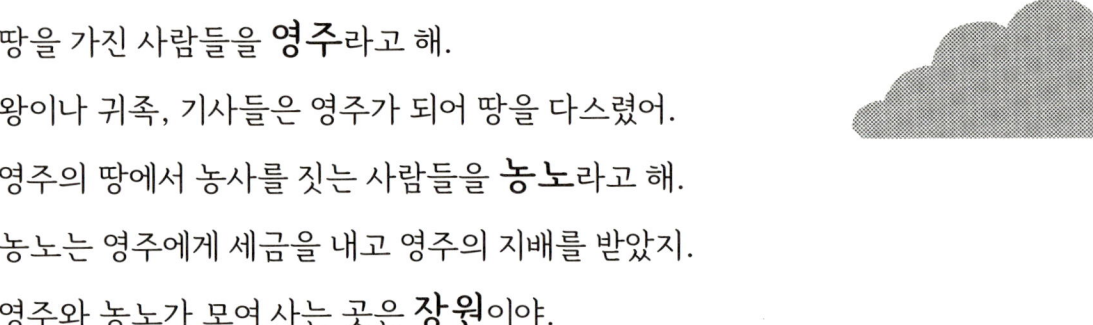

성직자는 장원에 있는 교회에서 사람들과 예배를 드렸어.
사람들이 결혼할 때, 아이를 낳을 때, 그리고 죽음을 맞이할 때처럼
살면서 생기는 모든 일에 하느님의 축복이 함께할 수 있도록 기도해 주었지.
영주든, 농노든, 모든 사람은 죽고 난 후에 천국에 가기를 바랐어.
그러려면 성직자의 도움이 꼭 필요했던 거야.

장원에 지어진 교회들은 처음에 그다지 높지 않았어.
벽이 두껍고, 창문도 크지 않았지.
그러다가 건축 기술이 발달하면서 교회는 점점 더 높아졌어.

높이높이 하늘에 닿을 것처럼,
하늘에 계신 하느님에게 닿을 수 있도록.
창문은 크고 넓게, 세상의 모든 빛이 들어오도록.
스테인드글라스로 장식한 창유리를 통해 빛이 아름답게 스며들듯,
신의 뜻이 사람들의 영혼에 아름답게 스며들기를…….

그런 바람을 가진 교회가 유럽 곳곳에 아름답게 지어졌지.

장원 안에 있는 교회와 수도원은 많은 땅을 가지고 있었어.
하지만 땅을 더욱 늘리고 싶어 하는 욕심쟁이 성직자들도 생겨났지.
넓은 땅을 다스리는 성직자를 누구로 정하는가 하는 문제를 두고,
왕과 교황이 경쟁을 벌이기도 했어.
교황의 힘이 왕보다 더 셀 때도 있었고, 왕의 힘이 다시 세질 때도 있었지.
엎치락뒤치락했지만, 이때는 교황이 이길 때가 좀 더 많았어.

로마 교황에게는 또 다른 경쟁자가 있었어.
그건 바로, 비잔티움 제국의 황제였지.
서로마 제국이 멸망한 뒤에도 천 년 동안 나라를 지켜 냈던
비잔티움 제국을 잊은 건 아니겠지?
비잔티움 제국의 황제는 나라를 다스리는 황제이기도 했고,
비잔티움 제국의 크리스트교를 이끄는 최고 지도자이기도 했어.
비잔티움 제국의 황제와 로마의 교황은 하느님의 뜻을
더 잘 이어 가는 건 '바로 나!'라고 주장하며 자주 다투었지.

비잔티움 제국의 황제와 로마 교황의 다툼은 오래도록 계속되었어.
특히, 예수나 예수의 어머니인 마리아의 동상을 만드는 것을 두고
'만들어도 된다, 만들면 안 된다' 의견이 나뉘어서 크게 다투었지.
비잔티움 제국의 황제는 만들면 안 된다고 주장했어.

"제국 안에 있는 신의 동상이나 그림을 모두 없애거라!
원래 있던 것도 없애고, 앞으로도 신을 조각하지 마라!"

하지만 로마 교황의 생각은 달랐어. 그림이나 동상을 통해
신의 뜻을 이해할 수 있다면 만들어도 된다고 생각했지.
그 밖에도 이런저런 문제로 맞서다가
결국 서유럽의 크리스트교와
비잔티움 제국의 크리스트교는 완전히 나뉘고 말았어.
서유럽의 크리스트교는 '로마 가톨릭'으로,
비잔티움 제국의 크리스트교는 '그리스 정교'가 되면서
둘은 완전히 다른 종교라고 선언하기에 이르렀지.
예수가 죽은 후, 천 년쯤 지나서 벌어진 일이야.

잠깐, 비잔티움 제국으로 가 볼까? 비잔티움 제국은 한때
지중해 주변을 모두 차지할 만큼 기세등등할 때도 있었지만,
그런 시간은 길지 않아. 비잔티움 제국을 시시때때로 호시탐탐
노리는 사람들이 많았거든. 동서남북 사방에 적이 있었는데,
그중에 가장 강력한 적은 이슬람 제국이었어.

하지만 비잔티움 제국은 꿋꿋하게 버텨 냈어.

나라를 지켜 주는 몇 가지 중요한 버팀목이 있었거든.

첫 번째는 튼튼한 성벽이야.

콘스탄티노플을 둘러싸고 있는 이 성벽 앞에서는 누구든 무릎을 꿇었지.

두 번째는 '그리스의 불'이었어.

물로 끌 수 없는 데다가 바닷물 속에서도 꺼지지 않는 신비한 화약 무기였지.

세 번째는 비잔티움 제국의 사람들이야.

비잔티움 제국은 농민들에게 땅을 나누어 주면서 군사 훈련도 시켰대.

농민들은 전쟁이 벌어지면 자신의 땅과 나라를 지키기 위해 열심히 싸웠지.

비잔티움 제국은 황제를 중심으로
유능한 장군들과 군인들이 힘을 합쳐서 여러 침략을 잘 물리쳤어.
하지만 비잔티움 제국도 막아 내기 힘든 사람들이 있었는데,
바로 이슬람 세력이었어. 특히 '셀주크 튀르크'라는 유목 민족 사람들이
이슬람교를 믿으면서 힘을 쑥쑥 키워 나가는 데는 당해 낼 수가 없었지.

비잔티움 제국과 셀주크 튀르크 사이에 벌어진 전쟁에서
비잔티움 제국이 패배하며 많은 영토를 빼앗겼어.
더군다나 셀주크 튀르크가 예루살렘까지 차지하면서
크리스트교도들이 예루살렘에 자유롭게 드나들지 못하게 되었지.
예루살렘은 예수가 죽고 묻힌 곳이라는 거, 기억나니?
크리스트교도들에게는 정말이지 특별한 곳이었어.
그런 곳을 셀주크 튀르크에게 빼앗기다니!

셀주크 튀르크의 계속되는 공격이 버거웠던
비잔티움 제국의 황제는 중대한 결정을 내렸어.
로마의 교황에게 도움을 요청하기로 한 거야.
오랜 다툼 끝에 완전히 다른 종교가 되었다고 선언했지만,
둘 모두에게 예루살렘은 중요한 곳이었거든.
그러니 이슬람교 사람들을 공동의 적이라고 여겼지.

로마 교황은 자신의 힘을 보여 줄 좋은 기회가 왔다고 생각했어.
사람들을 모아 이렇게 연설했지.

"크리스트교 세계가 이슬람으로 인해 위기에 빠졌습니다.
이슬람에 빼앗긴 예루살렘을 되찾읍시다.
이 싸움에 참여하여 싸우는 사람은 모든 죄를 씻고 천국에 갈 수 있습니다.
또한 예루살렘과 그 주변에는 비옥한 땅이 있습니다.
그곳을 정복하여 우리 것으로 만듭시다.
그곳은 신이 우리에게 약속한 땅입니다."

교황의 말을 따르는 사람들이 서유럽 곳곳에서 모여들었어.
살면서 지은 죄를 씻기 위해, 천국에 가기 위해,
또는 새로운 땅을 얻기 위해, 돈을 벌기 위해,
이런저런 다양한 바람을 가진 사람들이 십자군이 되어
예루살렘이 있는 서아시아의 팔레스타인으로 향했지.
이렇게 **십자군 전쟁**이 시작되었던 거야.

다툼과 분열의 시간을 끝내고,
드디어 손을 맞잡은 로마 교황과 비잔티움 제국의 황제!
이슬람을 무찌르고 예루살렘을 되찾겠다는 그들의 바람은 이루어졌을까?

나의 첫 역사 여행

하늘 높이 치솟은 건축 양식, 고딕

프랑스 샤르트르 대성당

높고 뾰족한 탑과 화려하게 장식한 스테인드글라스(색유리) 창문을 특징으로 하는 건축 양식을 '고딕' 양식이라고 해. 샤르트르 대성당은 예수의 어머니인 성모 마리아를 위해 지어진 성당이야. 샤르트르 대성당에는 2개의 높은 탑이 있는데, 높이가 각각 106미터와 115미터나 된대. 지금으로부터 800년 전쯤에 이렇게 높은 건축물을 만들 수 있었다니 정말 대단하지. 이 당시에 만들어진 스테인드글라스 창문이 지금까지 잘 보존되어 있기도 하고, 이후에 지어진 여러 성당에 큰 영향을 끼쳐서 세계 문화유산으로 지정되었어.

| 샤르트르 대성당 | 샤르트르 대성당의 스테인드글라스 |

프랑스 노트르담 대성당

1163년에 짓기 시작해서 1345년에 완성된
노트르담 대성당은 고딕 양식을 대표하는 성당 중 하나야.
탑의 높이가 69미터 정도로 다른 성당에 비해 높은 편은 아니지만,
성당 내부와 외부의 아름다운 조각상이나 화려한 스테인드글라스가
그 어느 성당보다 아름다운 것으로 유명해.
2019년에 벌어진 화재로 성당의 탑과 지붕이 불에 타서
전 세계 사람들이 안타까워했단다.

파리 시테섬에 위치한 노트르담 대성당

노트르담 대성당 정면의 스테인드글라스

독일 쾰른 대성당

독일에 있는 쾰른 대성당은 높이가 157미터가 넘어.
1248년부터 짓기 시작했지만 완성된 것은 1880년이야.
성당이 만들어지기까지 600년이 넘는 긴 시간이 걸렸지.
독일의 울름 대성당에 이어 유럽에서 두 번째로 높은 성당이래.
제2차 세계 대전이라는 큰 전쟁이 벌어졌을 때 폭격을 받기도 했지만
지금까지 그 모습을 잘 지키고 있어서 다행이야.

쾰른 대성당

나의 첫 역사 클릭!

살아남은 로마, 비잔티움 제국

게르만족에 의해 서로마 제국이 멸망한 이후에도
비잔티움 제국은 천 년 가까이 로마 제국의 전통을 이어 갔어.
비잔티움 제국의 전성기는 유스티니아누스 황제가 다스리던 때라고 할 수 있어.
유스티니아누스 황제는 지중해 주변의 넓은 영토를 되찾고,
로마법들을 모두 모으고 정리해서 법전을 완성했어.
현재까지 보존되고 있는 성 소피아 대성당을 새롭게 지은 사람도 유스티니아누스 황제였지.

튀르키예 이스탄불에 위치한 아야 소피아

성 소피아 대성당은 거대한 돔과 화려한 모자이크 그림이 특징이야.
이런 특징을 가지고 지어진 교회를 '비잔티움 양식'으로 지어진 교회라고 해.
비잔티움 양식의 교회는 현재의 동유럽 지역에 많이 위치해 있어.
비잔티움 제국은 훗날 이슬람교를 믿는 오스만 제국에 의해 멸망하게 돼.
그러면서 콘스탄티노플의 성 소피아 대성당은 이슬람교도들에 의해
이슬람 사원으로 바뀌게 되었지. 지금 볼 수 있는 네 개의 뾰족한 탑은
이슬람 사원의 특징이란다. 오늘날 성 소피아 대성당은
'아야 소피아'라고 불리며 이슬람 모스크로 사용되고 있어.

| 이탈리아 라벤나에 위치한 산비탈레 성당 | 산비탈레 성당 내부에 있는 모자이크화 |

서유럽에서는 왕의 권력과 교황의 권력이 나누어져 있었지만,
비잔티움 제국에서는 황제의 힘이 아주 강해서 교회에서도 영향력을 발휘했어.
이탈리아 라벤나의 산비탈레 성당에는 유스티니아누스 황제의 모자이크화가 있어.
왼쪽에 관료와 군인, 오른쪽에 성직자를 거느리며 가운데에 서 있는 사람이
황제라는 것을 알겠니? 더군다나 황제의 머리에는 예수를 나타내는 데 사용되는
후광이 그려져 있어서 황제의 지위가 아주 높았음을 알 수 있지.

글 박혜정

성균관대학교 역사교육과에서 공부했습니다. 중학교에서 역사를 가르치며 학생들과 세계사의 재미를 나누고 있습니다. 두 아이의 엄마로, 아이를 무릎에 앉혀 놓고 그림책을 읽어 주던 때가 인생에서 빛나던 시절 중 하나라 여기고 있습니다.

그림 문구선

대학교에서 시각디자인을 전공했고, 대한민국 출판미술대전에서 특별상과 특선 등 다수의 상을 받았습니다. 어른도 함께 공감하는 그림을 그리려 노력하고 있으며, 오래 두고 다시 꺼내 보아도 감동을 줄 수 있는 그림책을 만드는 것이 꿈입니다. 그린 책으로는 《갈릴레오 갈릴레이》, 《사라진 문》, 《우리 엄마가 좋은 10가지 이유》, 《할머니의 레시피》 등이 있습니다.

나의 첫 세계사 8 ― 크리스트교가 퍼져 나간 중세 유럽

1판 1쇄 발행일 2023년 3월 27일

글 박혜정 | **그림** 문구선 | **발행인** 김학원 | **편집** 박현혜 | **디자인** 박인규
저자·독자 서비스 humanist@humanistbooks.com | **용지** 화인페이퍼 | **인쇄** 삼조인쇄 | **제본** 영신사
발행처 휴먼어린이 | **출판등록** 제313-2006-000161호(2006년 7월 31일) | **주소** (03991) 서울시 마포구 동교로23길 76(연남동)
전화 02-335-4422 | **팩스** 02-334-3427 | **홈페이지** www.humanistbooks.com

글 ⓒ 박혜정, 2023   그림 ⓒ 문구선, 2023
ISBN 978-89-6591-498-3 74900
ISBN 978-89-6591-460-0 74900(세트)

- 이 책은 저작권법에 따라 보호받는 저작물이므로 무단 전재와 무단 복제를 금합니다.
- 이 책의 전부 또는 일부를 이용하려면 반드시 저작권자와 휴먼어린이 출판사의 동의를 받아야 합니다.
- **사용연령 6세 이상** 종이에 베이거나 긁히지 않도록 조심하세요. 책 모서리가 날카로우니 던지거나 떨어뜨리지 마세요.